AF219179

Impressum
Verlag: BABADADA GmbH, Nedderfeld 112 , 22529 Hamburg
Geschäftsführer / Verlagsleitung: Harald Hof
Druck: Books on Demand GmbH, In de Tarpen 42, 22848 Norderstedt

Imprint
Publisher: BABADADA GmbH, Nedderfeld 112 , 22529 Hamburg, Germany
Managing Director / Publishing direction: Harald Hof
Print: Books on Demand GmbH, In de Tarpen 42, 22848 Norderstedt

klaslokaal
das Klassenzimmer

delen
dividieren

186/2

bord
die Tafel

speelplaats
der Schulhof

leerkracht
der Lehrer

papier
das Papier

schrijven
schreiben

pen
der Stift

bureau
der Schreibtisch

liniaal
das Lineal

boek
das Buch

leerling
die Schüler

schooltas

der Ranzen

pennenzak

die Federmappe

potlood

der Bleistift

puntenslijper

der Bleistiftanspitzer

gom

das Radiergummi

tekenblok

der Zeichenblock

tekening

die Zeichnung

verfborstel

der Pinsel

verfdoos

der Malkasten

schaar

die Schere

lijm

der Klebstoff

werkboek

das Übungsheft

huiswerk

die Hausaufgabe

nummer

die Zahl

optellen

addieren

aftrekken

subtrahieren

vermenigvuldigen

multiplizieren

rekenen

rechnen

letter

der Buchstabe

alfabet

das Alphabet

woord

das Wort

tekst

der Text

Lezen

lesen

krijt

die Kreide

les

die Stunde

klassenboek

das Klassenbuch

examen

die Prüfung

certificaat

das Zeugnis

schooluniform

die Schuluniform

onderwijs

die Ausbildung

encyclopedie

das Lexikon

universiteit

die Universität

microscoop

das Mikroskop

kaart

die Karte

papiermand

der Papierkorb

hotel
das Hotel

jeugdherberg
die Herberge

wisselkantoor
die Wechselstube

koffer
der Koffer

auto
das Auto

Taal
die Sprache

ja / nee
ja / nein

oké
Okay

hallo
Hallo

vertaler
der Übersetzer

bedankt
Danke

Hoeveel kost ...?

Was kostet...?

Ik begrijp het niet

Ich verstehe nicht

probleem

das Problem

Goedenavond!

Guten Abend!

Goedemorgen!

Guten Morgen!

Goedenavond!

Gute Nacht!

Tot ziens

Auf Wiedersehen

richting

die Richtung

bagage

das Gepäck

zak

die Tasche

rugzak

der Rucksack

gast

der Gast

kamer

das Zimmer

slaapzak

der Schlafsack

tent

das Zelt

toeristeninformatie

die Touristeninformation

strand

der Strand

kredietkaart

die Kreditkarte

ontbijt

das Frühstück

lunch

das Mittagessen

avondeten

das Abendessen

ticket

die Fahrkarte

lift

der Fahrstuhl

postzegel

die Briefmarke

grens

die Grenze

douane

der Zoll

ambassade

die Botschaft

visum

das Visum

paspoort

der Pass

vliegtuig
das Flugzeug

schip
das Schiff

brandweerwagen
das Feuerwehrauto

bus
der Bus

vrachtwagen
der Lastwagen

motorboot
das Motorboot

fiets
das Fahrrad

auto
das Auto

veerboot
die Fähre

boot
das Boot

motor
das Motorrad

politiewagen
das Polizeiauto

racewagen
das Rennauto

huurauto
der Mietwagen

carpoolen

das Carsharing

sleepwagen

der Abschleppwagen

vuilniswagen

das Müllauto

motor

der Motor

benzine

der Kraftstoff

benzinestation

die Tankstelle

verkeersbord

das Verkehrsschild

verkeer

der Verkehr

file

der Stau

parkeerplaats

der Parkplatz

station

der Bahnhof

sporen

die Schienen

trein

der Zug

tram

die Straßenbahn

wagon

der Wagon

helikopter

der Helikopter

luchthaven

der Flughafen

toren

der Tower

passagier

der Passagier

container

der Container

karton

der Karton

kar

der Karren

mand

der Korb

opstijgen / landen

starten / landen

stad

die Stadt

dorp

das Dorf

stadscentrum

das Stadtzentrum

huis

das Haus

bioscoop
das Kino

reclame
die Werbung

straatlantaarn
die Straßenlaterne

straat
die Straße

taxi
das Taxi

kiosk
der Kiosk

voetganger
der Fußgänger

trottoir
der Bürgersteig

zebrapad
der Zebrastreifen

vuilnisbak
die Mülltonne

kruispunt
die Kreuzung

verkeerslichten
die Ampel

hut

die Hütte

woning

die Wohnung

station

der Bahnhof

stadshuis

das Rathaus

museum

das Museum

school

die Schule

stad - die Stadt

universiteit

die Universität

bank

die Bank

ziekenhuis

das Krankenhaus

hotel

das Hotel

apotheek

die Apotheke

kantoor

das Büro

boekwinkel

die Buchhandlung

winkel

das Geschäft

bloemenwinkel

der Blumenladen

supermarkt

der Supermarkt

markt

der Markt

warenhuis

das Kaufhaus

vishandelaar

der Fischhändler

winkelcentrum

das Einkaufszentrum

haven

der Hafen

park

der Park

bank

die Bank

brug

die Brücke

trap

die Treppe

metro

die U-Bahn

tunnel

der Tunnel

bushalte

die Bushaltestelle

bar

die Bar

restaurant

das Restaurant

brievenbus

der Briefkasten

straatnaambord

das Straßenschild

parkeermeter

die Parkuhr

zoo

der Zoo

zwembad

die Badeanstalt

moskee

die Moschee

boerderij

der Bauernhof

milieuverontreiniging

die Umweltverschmutzung

kerkhof

der Friedhof

kerk

die Kirche

speelplaats

der Spielplatz

tempel

der Tempel

landschap
die Landschaft

blad
das Blatt

wegwijzer
der Wegweiser

weg
der Weg

weide
die Wiese

steen
der Stein

boom
der Baum

wandelaar
der Wanderer

rivier
der Fluss

gras
das Gras

bloem
die Blume

vallei

das Tal

heuvel

der Berg

meer

der See

bos

der Wald

woestijn

die Wüste

vulkaan

der Vulkan

kasteel

das Schloss

regenboog

der Regenbogen

paddenstoel

der Pilz

palmboom

die Palme

mug

der Moskito

vlieg

die Fliege

mier

die Ameise

bijl

die Biene

spin

die Spinne

kever
der Käfer

kikker
der Frosch

eekhoorn
das Eichhörnchen

egel
der Igel

haas
der Hase

uil
die Eule

vogel
die Vogel

zwaan
der Schwan

wild zwijn
das Wildschwein

hert
der Hirsch

eland
der Elch

dam
der Staudamm

windturbine
das Windrad

zonnepaneel
das Solarmodul

klimaat
das Klima

ober
der Kellner

stoel
der Stuhl

menu
die Speisekarte

soep
die Suppe

pizza
die Pizza

bestek
das Besteck

tafelkleed
die Tischdecke

voorgerecht
die Vorspeise

hoofdgerecht
das Hauptgericht

nagerecht
die Nachspeise

drankjes
die Getränke

eten
das Essen

fles
die Flasche

fastfood

das Fastfood

street food

das Streetfood

theepot

die Teekanne

suikerpot

die Zuckerdose

portie

die Portion

espressomachine

die Espressomaschine

kinderstoel

der Hochstuhl

rekening

die Rechnung

dienblad

das Tablett

mes

das Messer

vork

die Gabel

lepel

der Löffel

theelepel

der Teelöffel

serviette

die Serviette

glas

das Glas

bord

der Teller

soepbord

der Suppenteller

schoteltje

die Untertasse

saus

die Sauce

zoutvatje

der Salzstreuer

pepermolen

die Pfeffermühle

azijn

der Essig

olie

das Öl

kruiden

die Gewürze

ketchup

das Ketchup

mosterd

der Senf

mayonaise

die Mayonnaise

aanbieding
das Angebot

klant
der Kunde

zuivelproducten
die Milchprodukte

fruit
das Obst

winkelwagen
der Einkaufswagen

slagerij
die Schlachterei

bakkerij
die Bäckerei

wegen
wiegen

groenten
das Gemüse

vlees
das Fleisch

diepvriesvoedsel
die Tiefkühlkost

charcuterie

der Aufschnitt

conserven

die Konserven

waspoeder

das Waschmittel

snoep

die Süßigkeiten

huishoudproducten

die Haushaltsartikel

schoonmaakproducten

das Reinigungsmittel

verkoopster

die Verkäuferin

kassa

die Kasse

kassier

der Kassierer

boodschappenlijstje

die Einkaufsliste

openingstijden

die Öffnungszeiten

portefeuille

die Brieftasche

kredietkaart

die Kreditkarte

tas

die Tasche

plastieken zakje

die Plastiktüte

water

das Wasser

sap

der Saft

melk

die Milch

cola

die Cola

wijn

der Wein

bier

das Bier

alcohol

der Alkohol

cacao

der Kakao

thee

der Tee

koffie

der Kaffee

espresso

der Espresso

cappuccino

der Cappuccino

banaan

die Banane

appel

der Apfel

sinaasappel

die Orange

meloen

die Melone

citroen

die Zitrone

wortel

die Karotte

knoflook

der Knoblauch

bamboe

der Bambus

ajuin

die Zwiebel

champignon

der Pilz

noten

die Nüsse

noodles

die Nudeln

spaghetti

die Spaghetti

rijst

der Reis

salade

der Salat

frieten

die Pommes frites

gebakken aardappelen

die Bratkartoffeln

pizza

die Pizza

hamburger

der Hamburger

sandwich

das Sandwich

kalfslapje

das Schnitzel

ham

der Schinken

salami

die Salami

worst

die Wurst

kip

das Huhn

braden

der Braten

vis

der Fisch

havervlokken

die Haferflocken

muesli

das Müsli

cornflakes

die Cornflakes

bloem

das Mehl

croissant

das Croissant

pistolet

das Brötchen

brood

das Brot

toast

der Toast

koekjes

die Kekse

boter

die Butter

kwark

der Quark

taart

der Kuchen

ei

das Ei

spiegelei

das Spiegelei

kaas

der Käse

ijs

die Eiscreme

suiker

der Zucker

honing

der Honig

confituur

die Marmelade

choco

die Nougat-Creme

curry

das Curry

boerderij
das Bauernhaus

schuur
die Scheune

strobaal
der Strohballen

veld
das Feld

paard
das Pferd

aanhangwagen
der Anhänger

veulen
das Fohlen

tractor
der Traktor

ezel
der Esel

lam
das Lamm

schaap
das Schaf

geit
die Ziege

koe
die Kuh

kalf
das Kalb

varken
das Schwein

biggetje
das Ferkel

stier
der Bulle

gans

die Gans

eend

die Ente

kuiken

das Küken

kip

das Huhn

haan

der Hahn

rat

die Ratte

kat

die Katze

muis

die Maus

os

der Ochse

hond

der Hund

hondenhok

die Hundehütte

tuinslang

der Gartenschlauch

gieter

die Gießkanne

zeis

die Sense

ploeg

der Pflug

sikkel

die Sichel

schoffel

die Hacke

hooivork

die Mistgabel

bijl

die Axt

kruiwagen

die Schubkarre

trog

der Trog

melkkan

die Milchkanne

zak

der Sack

hek

der Zaun

stal

der Stall

broeikas

das Treibhaus

bodem

der Boden

zaad

die Saat

mest

der Dünger

maaidorser

der Mähdrescher

oogsten
ernten

oogst
die Ernte

yam
die Yamswurzel

tarwe
der Weizen

soja
das Soja

aardappel
die Kartoffel

maïs
der Mais

koolzaad
der Raps

fruitboom
der Obstbaum

maniok
der Maniok

graan
das Getreide

schoorsteen
der Schornstein

dak
das Dach

regenpijp
die Regenrinne

raam
das Fenster

garage
die Garage

deurbel
die Klingel

deur
die Tür

vuilnisbak
der Mülleimer

brievenbus
der Briefkasten

tuin
der Garten

woonkamer
das Wohnzimmer

badkamer
das Badezimmer

keuken
die Küche

slaapkamer
das Schlafzimmer

kinderkamer
das Kinderzimmer

eetkamer
das Esszimmer

vloer
der Boden

muur
die Wand

plafond
die Decke

kelder
der Keller

sauna
die Sauna

balkon
der Balkon

terras
die Terrasse

zwembad
das Schwimmbad

grasmaaier
der Rasenmäher

dekbedovertrek
der Bettbezug

dekbed
die Bettdecke

bed
das Bett

bezem
der Besen

emmer
der Eimer

schakelaar
der Schalter

behangpapier
die Tapete

foto
das Bild

lamp
die Lampe

schap
das Regal

kast
der Schrank

open haard
der Kamin

televisie
der Fernseher

bloem
die Blume

kussen
das Kissen

sofa
das Sofa

vaas
die Vase

afstandsbediening
die Fernbedienung

mat
der Teppich

gordijn
der Vorhang

tafel
der Tisch

stoel
der Stuhl

schommelstoel
der Schaukelstuhl

fauteuil
der Sessel

boek

das Buch

deken

die Decke

decoratie

die Dekoration

brandhout

das Feuerholz

film

der Film

stereo-installatie

die Stereoanlage

sleutel

der Schlüssel

krant

die Zeitung

schilderij

das Gemälde

poster

das Poster

radio

das Radio

notitieboekje

der Notizblock

stofzuiger

der Staubsauger

cactus

der Kaktus

kaars

die Kerze

koelkast
der Kühlschrank

microgolfoven
die Mikrowelle

keukenweegschaal
die Küchenwaage

broodrooster
der Toaster

afwasmiddel
das Reinigungsmittel

oven
der Backofen

vriesvak
das Gefrierfach

vuilnisbak
der Mülleimer

vaatwasmachine
der Geschirrspüler

fornuis
der Herd

pot
der Topf

gietijzeren pot
der Eisentopf

wok / kadai
der Wok / Kadai

pan
die Pfanne

waterkoker
der Wasserkocher

stoomkoker

der Dampfgarer

bakplaat

das Backblech

servies

das Geschirr

mok

der Becher

kom

die Schale

eetstokjes

die Essstäbchen

pollepel

die Suppenkelle

spatel

der Pfannenwender

garde

der Schneebesen

vergiet

das Kochsieb

zeef

das Sieb

rasp

die Reibe

mortier

der Mörser

barbecue

der Grill

haardvuur

die Feuerstelle

snijplank

das Schneidebrett

deegrol

das Nudelholz

kurkentrekker

der Korkenzieher

blik

die Dose

blikopener

der Dosenöffner

pannenlap

der Topflappen

gootsteen

das Waschbecken

borstel

die Bürste

spons

der Schwamm

blender

der Mixer

vriezer

die Gefriertruhe

papfles

die Babyflasche

kraan

der Wasserhahn

verwarming
die Heizung

douche
die Dusche

handdoek
das Handtuch

douchegordijn
der Duschvorhang

bubbelbad
das Schaumbad

badkuip
die Badewanne

glas
das Glas

wasmachine
die Waschmaschine

tegels
die Fliesen

kraan
der Wasserhahn

kinderpo
das Töpfchen

gootsteen
das Waschbecken

toilet	hurktoilet	bidet
die Toilette	die Hocktoilette	das Bidet

urinoir	toiletpapier	toiletborstel
das Pissoir	das Toilettenpapier	die Toilettenbürste

tandenborstel

die Zahnbürste

tandpasta

die Zahnpasta

flosdraad

die Zahnseide

wassen

waschen

handdouche

die Handbrause

bidethanddouche

die Intimdusche

waskom

die Waschschüssel

rugborstel

die Rückenbürste

zeep

die Seife

douchegel

das Duschgel

shampoo

das Shampoo

washandje

der Waschlappen

afvoer

der Abfluss

crème

die Creme

deodorant

das Deodorant

spiegel

der Spiegel

handspiegel

der Kosmetikspiegel

scheermes

der Rasierer

scheerschuim

der Rasierschaum

aftershave

das Rasierwasser

kam

der Kamm

borstel

die Bürste

haardroger

der Föhn

haarlak

das Haarspray

make-up

das Makeup

lippenstift

der Lippenstift

nagellak

der Nagellack

watten

die Watte

nagelknipper

die Nagelschere

parfum

das Parfum

toilettas

der Kulturbeutel

kruk

der Hocker

weegschaal

die Waage

badjas

der Bademantel

latex handschoenen

die Gummihandschuhe

tampon

das Tampon

maandverband

die Damenbinde

chemisch toilet

die Chemietoilette

wekker
der Wecker

knuffel
das Kuscheltier

speelgoedauto
das Spielzeugauto

rammelaar
die Rassel

poppenhuis
das Puppenhaus

geschenk
das Geschenk

ballon

der Ballon

bed

das Bett

kinderwagen

der Kinderwagen

spel kaarten

das Kartenspiel

puzzel

das Puzzle

stripboek

der Comic

legoblokjes

die Legosteine

blokken

die Bausteine

actiefiguur

die Action Figur

kruippakje

der Strampelanzug

frisbee

das Frisbee

mobiel

das Mobile

bordspel

das Brettspiel

dobbelsteen

der Würfel

modelspoorweg

die Modelleisenbahn

fopspeen

der Schnuller

feest

die Party

prentenboek

das Bilderbuch

bal

der Ball

pop

die Puppe

spelen

spielen

zandbak

der Sandkasten

schommel

die Schaukel

speelgoed

das Spielzeug

spelconsole

die Spielkonsole

driewieler

das Dreirad

knuffelbeer

der Teddy

kleerkast

der Kleiderschrank

kleding
die Kleidung

sokken

die Socken

kousen

die Strümpfe

maillot

die Strumpfhose

sjaal
der Schal

riem
der Gürtel

paraplu
der Regenschirm

T-shirt
das T-Shirt

sneakers
die Turnschuhe

laarzen
der Stiefel

slippers
die Hausschuhe

sandalen
die Sandalen

schoenen
die Schuhe

rubberlaarzen
die Gummistiefel

onderbroek
die Unterhose

beha
der Büstenhalter

onderhemd
das Unterhemd

lichaam

der Body

broek

die Hose

jeans

die Jeans

rok

der Rock

blouse

die Bluse

hemd

das Hemd

trui

der Pullover

capuchontrui

der Kapuzenpullover

blazer

der Blazer

jas

die Jacke

jas

der Mantel

regenjas

der Regenmantel

kostuum

das Kostüm

jurk

das Kleid

trouwjurk

das Hochzeitskleid

pak

der Anzug

nachthemd

das Nachthemd

pyjama

der Schlafanzug

sari

der Sari

hoofddoek

das Kopftuch

tulband

der Turban

boerka

die Burka

kaftan

der Kaftan

abaya

die Abaya

badpak

der Badeanzug

zwembroek

die Badehose

short

die kurze Hose

trainingspak

der Trainingsanzug

schort

die Schürze

handschoenen

die Handschuhe

knoop

der Knopf

bril

die Brille

armband

das Armband

ketting

die Halskette

ring

der Ring

oorbel

der Ohrring

pet

die Mütze

kapstok

der Kleiderbügel

hoed

der Hut

das

die Krawatte

rits

der Reißverschluss

helm

der Helm

bretellen

der Hosenträger

schooluniform

die Schuluniform

uniform

die Uniform

slabbetje

das Lätzchen

fopspeen

der Schnuller

luier

die Windel

dossierkast
der Aktenschrank

server
der Server

printer
der Drucker

monitor
der Monitor

papier
das Papier

bureau
der Schreibtisch

muis
die Maus

map
der Ordner

toestenbord
die Tastatur

papiermand
der Papierkorb

computer
der Computer

stoel
der Stuhl

koffiemok

der Kaffeebecher

rekenmachine

der Taschenrechner

internet

das Internet

laptop

der Laptop

brief

der Brief

bericht

die Nachricht

gsm

das Handy

netwerk

das Netzwerk

kopieerapparaat

der Kopierer

software

die Software

telefoon

das Telefon

stopcontact

die Steckdose

fax

das Fax

formulier

das Formular

document

das Dokument

kopen

kaufen

betalen

bezahlen

handelen

handeln

geld

das Geld

dollar

der Dollar

euro

der Euro

yen

der Yen

roebel

der Rubel

Zwitserse frank

der Franken

Chinese renminbi

der Renminbi Yuan

roepie

die Rupie

geldautomaat

der Geldautomat

wisselkantoor

die Wechselstube

goud

das Gold

zilver

das Silber

olie

das Öl

energie

die Energie

prijs

der Preis

contract

der Vertrag

belasting

die Steuer

aandeel

die Aktie

werken

arbeiten

werknemer

der Angestellte

werkgever

der Arbeitgeber

fabriek

die Fabrik

winkel

das Geschäft

politieagent
der Polizist

brandweerman
der Feuerwehrmann

kok
der Koch

dokter
der Arzt

piloot
der Pilot

tuinman

der Gärtner

timmerman

der Tischler

naaister

die Näherin

rechter

der Richter

chemicus

der Chemiker

acteur

der Schauspieler

buschauffeur

der Busfahrer

taxichauffeur

der Taxifahrer

visser

der Fischer

schoonmaakster

die Putzfrau

dakdekker

der Dachdecker

ober

der Kellner

jager

der Jäger

schilder

der Maler

bakker

der Bäcker

elektricien

der Elektriker

bouwvakker

der Bauarbeiter

ingenieur

der Ingenieur

slager

der Schlachter

loodgieter

der Klempner

postbode

der Postbote

soldaat

der Soldat

architect

der Architekt

kassier

der Kassierer

bloemist

der Florist

kapper

der Friseur

conducteur

der Schaffner

mecanicien

der Mechaniker

kapitein

der Kapitän

tandarts

der Zahnarzt

wetenschapper

der Wissenschaftler

rabbijn

der Rabbi

imam

der Imam

monnik

der Mönch

geestelijke

der Geistliche

hamer
der Hammer

tang
die Zange

schroevendraaier
der Schraubendreher

schroefsleutel
der Schraubenschlüssel

zaklamp
die Taschenlam

graafmachine

der Bagger

gereedschapskoffer

der Werkzeugkasten

ladder

die Leiter

zaag

die Säge

spijkers

die Nägel

boormachine

der Bohrer

repareren
....
reparieren

schop
....
die Schaufel

Verdomme!
....
Mist!

blik
....
das Kehrblech

verfpot
....
der Farbtopf

schroeven
....
die Schrauben

muziekinstrumenten
die Musikinstrumente

drumstel
das Schlagzeug

luidspreker
der Lautsprecher

contrabas
der Kontrabass

gitaar
die Gitarre

trompet
die Trompete

piano

das Klavier

viool

die Violine

basgitaar

der Bass

pauk

die Pauke

trommels

die Trommeln

keyboard

das Keyboard

saxofoon

das Saxophon

fluit

die Flöte

microfoon

das Mikrofon

ingang
der Eingang

tijger
der Tiger

kooi
der Käfig

zebra
das Zebra

diereneten
das Tierfutter

panda
der Panda

dieren
die Tiere

olifant
der Elefant

kangoeroe
das Känguruh

neushoorn
das Nashorn

gorilla
der Gorilla

beer
der Bär

kameel

das Kamel

struisvogel

der Strauß

leeuw

der Löwe

aap

der Affe

flamingo

der Flamingo

papegaai

der Papagei

ijsbeer

der Eisbär

pinguïn

der Pinguin

haai

der Hai

pauw

der Pfau

slang

die Schlange

krokodil

das Krokodil

dierenverzorger

der Zoowärter

zeehond

die Robbe

jaguar

der Jaguar

pony
das Pony

luipaard
der Leopard

nijlpaard
das Nilpferd

giraffe
die Giraffe

adelaar
der Adler

wild zwijn
das Wildschwein

vis
der Fisch

zeeschildpad
die Schildkröte

walrus
das Walross

vos
der Fuchs

gazelle
die Gazelle

zoo - der Zoo

rugby
das American Football

wielrennen
das Radfahren

tennis
das Tennis

basketbal
der Basketball

zwemmen
das Schwimmen

boksen
das Boxen

ijshockey
das Eishockey

voetbal
der Fußball

badminton
das Badminton

atletiek
die Leichtathletik

handbal
der Handball

skiën
das Skilaufen

polo
das Polo

lachen
lachen

springen
springen

knuffelen
umarmen

wandelen
gehen

zingen
singen

dromen
träumen

bidden
beten

kussen
küssen

schrijven
schreiben

tekenen
zeichnen

tonen
zeigen

duwen
drücken

geven
geben

nemen
nehmen

hebben
haben

doen
tun

zijn
sein

staan
stehen

lopen
laufen

trekken
ziehen

gooien
werfen

vallen
fallen

liggen
liegen

wachten
warten

dragen
tragen

zitten
sitzen

aankleden
anziehen

slapen
schlafen

ontwaken
aufwachen

kijken naar

ansehen

wenen

weinen

aaien

streicheln

kammen

kämmen

praten

reden

begrijpen

verstehen

vragen

fragen

luisteren

hören

drinken

trinken

eten

essen

opruimen

aufräumen

houden van

lieben

koken

kochen

rijden

fahren

vliegen

fliegen

zeilen
segeln

rekenen
rechnen

Lezen
lesen

leren
lernen

werken
arbeiten

trouwen
heiraten

naaien
nähen

tandenpoetsen
Zähne putzen

doden
töten

roken
rauchen

sturen
senden

ootmoeder
e Großmutter

grootvader
der Großvater

vader
der Vater

moeder
die Mutter

baby
das Baby

dochter
die Tochter

zoon
der Sohn

gast

der Gast

tante

die Tante

oom

der Onkel

broer

der Bruder

zus

die Schwester

voorhoofd
die Stirn

oog
das Auge

schouder
die Schulter

vinger
der Finger

gezicht
das Gesicht

kin
das Kinn

hand
die Hand

borst
die Brust

been
das Bein

arm
der Arm

baby

das Baby

man

der Mann

vrouw

die Frau

meisje

das Mädchen

jongen

der Junge

hoofd

der Kopf

rug

der Rücken

buik

der Bauch

navel

der Nabel

teen

der Zeh

hiel

die Ferse

bot

der Knochen

heup

die Hüfte

knie

das Knie

elleboog

der Ellenbogen

neus

die Nase

zitvlak

das Gesäß

huid

die Haut

wang

die Wange

oor

das Ohr

lip

die Lippe

mond

der Mund

tand

der Zahn

tong

die Zunge

hersenen

das Gehirn

hart

das Herz

spier

der Muskel

long

die Lunge

lever

die Leber

maag

der Magen

nieren

die Nieren

seks

der Geschlechtsverkehr

condoom

das Kondom

eicel

die Eizelle

sperma

das Sperma

zwangerschap

die Schwangerschaft

menstruatie

die Menstruation

vagina

die Vagina

penis

der Penis

wenkbrauw

die Augenbraue

haar

das Haar

nek

der Hals

ziekenhuis
das Krankenhaus

ambulance
der Krankenwagen

rolstoel
der Rollstuhl

breuk
der Bruch

dokter
der Arzt

spoed
die Notaufnahme

verpleegkundige
die Krankenschwester

noodgeval
der Notfall

bewusteloos
ohnmächtig

pijn
der Schmerz

verwonding
die Verletzung

bloeding
die Blutung

hartaanval
der Herzinfarkt

beroerte
der Schlaganfall

allergie
die Allergie

hoest
der Husten

koorts
das Fieber

griep
die Grippe

diarree
der Durchfall

hoofdpijn
die Kopfschmerzen

kanker
der Krebs

diabetes
die Diabetis

chirurg
der Chirurg

scalpel
das Skalpell

operatie
die Operation

CT
das CT

röntgenstraal
das Röntgen

ultrageluid
das Ultraschall

gezichtsmasker
die Maske

ziekte
die Krankheit

wachtkamer
das Wartezimmer

kruk
die Krücke

pleister
das Pflaster

verband
der Verband

injectie
die Injektion

stethoscoop
das Stethoskop

brancard
die Trage

thermometer
das Thermometer

geboorte
die Geburt

overgewicht
das Übergewicht

hoorapparaat

das Hörgerät

ontsmettingsmiddel

das Desinfektionsmittel

infectie

die Infektion

virus

das Virus

HIV / AIDS

das HIV / AIDS

medicijn

die Medizin

vaccinatie

die Impfung

tabletten

die Tabletten

pil

die Pille

noodoproep

der Notruf

bloeddrukmeter

das Blutdruck-Messgerät

ziek / gezond

krank / gesund

Help!

Hilfe!

alarm

der Alarm

overval

der Überfall

aanval

der Angriff

gevaar

die Gefahr

nooduitgang

der Notausgang

Brand!

Feuer!

brandblusser

der Feuerlöscher

ongeval

der Unfall

EHBO-kit

der Erste-Hilfe-Koffer

SOS

SOS

politie

die Polizei

Europa

das Europa

Noord-Amerika

das Nordamerika

Zuid-Amerika

das Südamerika

Afrika

das Afrika

Azië

das Asien

Australië

das Australien

Atlantische Oceaan

der Atlantik

Stille Oceaan

der Pazifik

Indische Oceaan

der Indische Ozean

Antarctische Oceaan

der Antarktische Ozean

Arctische Oceaan

der Arktische Ozean

Noordpool

der Nordpol

Zuidpool

der Südpol

Antarctica

die Antarktis

aarde

die Erde

land

das Land

zee

das Meer

eiland

die Insel

natie

die Nation

staat

der Staat

wijzerplaat

das Zifferblatt

uurwijzer

der Stundenzeiger

minuutwijzer

der Minutenzeiger

secondewijzer

der Sekundenzeiger

Hoe laat is het?

Wie spät ist es?

dag

der Tag

tijd

die Zeit

nu

jetzt

digitale horloge

die Digitaluhr

minuut

die Minute

uur

die Stunde

week

die Woche

maandag — der Montag
woensdag — der Mittwoch
vrijdag — der Freitag
dinsdag — der Dienstag
zaterdag — der Samstag
donderdag — der Donnerstag
zondag — der Sonntag

gisteren

gestern

vandaag

heute

morgen

morgen

ochtend

der Morgen

middag

der Mittag

avond

der Abend

werkdagen

die Arbeitstage

weekend

das Wochenende

regen
der Regen

regenboog
der Regenbogen

sneeuw
der Schnee

wind
der Wind

lente
der Frühling

herfst
der Herbst

zomer
der Sommer

winter
der Winter

weervoorspelling

die Wettervorhersage

thermometer

das Thermometer

zonneschijn

der Sonnenschein

wolk

die Wolke

mist

der Nebel

vochtigheid

die Luftfeuchtigkeit

bliksem

der Blitz

donder

der Donner

storm

der Sturm

hagel

der Hagel

moesson

der Monsun

overstroming

die Flut

ijs

das Eis

januari

der Januar

februari

der Februar

maart

der März

april

der April

mei

der Mai

juni

der Juni

juli

der Juli

augustus

der August

september
....
der September

oktober
....
der Oktober

november
....
der November

december
....
der Dezember

cirkel
....
der Kreis

kwadraat
....
das Quadrat

rechthoek
....
das Rechteck

driehoek
....
das Dreieck

bol
....
die Kugel

kubus
....
der Würfel

wit
....
weiß

geel
....
gelb

oranje
....
orange

roze
....
pink

rood
....
rot

paars
....
lila

blauw
....
blau

groen
....
grün

bruin
....
braun

grijs
....
grau

zwart
....
schwarz

veel / weinig

viel / wenig

boos / kalm

wütend / friedlich

mooi / lelijk

hübsch / hässlich

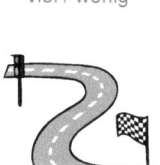

begin / einde

der Anfang / das Ende

groot / klein

groß / klein

licht / donker

hell / dunkel

broer / zus

er Bruder / die Schwester

proper / vuil

sauber / schmutzig

volledig / onvolledig

vollständig / unvollständig

dag / nacht

der Tag / die Nacht

dood / levend

tot / lebendig

breed / smal

breit / schmal

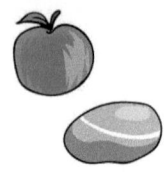

eetbaar / oneetbaar

genießbar / ungenießbar

kwaadaardig / vriendelijk

böse / freundlich

opgewonden / verveeld

aufgeregt / gelangweilt

dik / dun

dick / dünn

eerst / laatst

zuerst / zuletzt

vriend / vijand

der Freund / der Feind

vol / leeg

voll / leer

hard / zacht

hart / weich

zwaar / licht

schwer / leicht

honger / dorst

der Hunger / der Durst

ziek / gezond

krank / gesund

illegaal / legaal

illegal / legal

intelligent / dom

intelligent / dumm

links / rechts

links / rechts

dichtbij / veraf

nah / fern

nieuw / gebruikt

neu / gebraucht

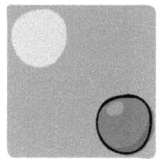

niets / iets

nichts / etwas

oud / jong

alt / jung

aan / uit

an / aus

open / dicht

offen / geschlossen

stil / luid

leise / laut

rijk / arm

reich / arm

juist / fout

richtig / falsch

ruw / glad

rau / glatt

droevig / blij

traurig / glücklich

kort / lang

kurz / lang

traag / snel

langsam / schnell

nat / droog

nass / trocken

warm / koud

warm / kühl

oorlog / vrede

der Krieg / der Frieden

0

nul
null

1

één
eins

2

twee
zwei

3

drie
drei

4

vier
vier

5

vijf
fünf

6

zes
sechs

7

zeven
sieben

8

acht
acht

9

negen
neun

10

tien
zehn

11

elf
elf

12

twaalf
zwölf

13

dertien
dreizehn

14

veertien
vierzehn

15

vijftien
fünfzehn

16

zestien
sechzehn

17

zeventien
siebzehn

18

achtien
achtzehn

19

negentien
neunzehn

20

twintig
zwanzig

100

honderd
hundert

1.000

duizend
tausend

1.000.000

miljoen
million

Engels

Englisch

Amerikaans Engels

Amerikanisches Englisch

Chinees (Mandarijn)

Chinesisch Mandarin

Hindi

Hindi

Spaans

Spanisch

Frans

Französisch

Arabisch

Arabisch

Russisch

Russisch

Portugees

Portugiesisch

Bengali

Bengalisch

Duits

Deutsch

Japans

Japanisch

ik
ich

u
du

hij / zij / het
er / sie / es

wij
wir

u
ihr

ze
sie

wie?
wer?

wat?
was?

hoe?
wie?

waar?
wo?

wanneer?
wann?

naam
Name

achter

hinter

in

in

voor

vor

boven

über

op

auf

onder

unter

naast

neben

tussen

zwischen

plaats

der Ort